EDIÇÕES BESTBOLSO

Maria de todas as graças

Luciana Savaget nasceu no Rio de Janeiro. Jornalista e escritora, ganhou diversos prêmios, entre eles o de Personalidade do Ano Internacional da Criança conferido pela União Brasileira dos Escritores. Em 1993 recebeu o diploma de honra ao mérito no Festival Internacional de Filme e TV de Nova York, com a reportagem "Trabalho Infantil", transmitida pelo programa Globo Repórter. Em 2002 ganhou o prêmio Vladimir Herzog de Anistia e Direitos Humanos. Luciana Savaget tem 25 livros publicados – entre obras infanto-juvenis e para adultos –, alguns deles traduzidos para o espanhol, alemão e árabe.

Luciana Savaget

Maria
de todas as graças

coletânea de orações

4ª edição

EDIÇÕES
BestBolso
RIO DE JANEIRO – 2011

CIP-BRASIL. CATALOGAÇÃO-NA-FONTE
SINDICATO NACIONAL DOS EDITORES DE LIVROS, RJ

M285 Maria de todas as graças / Luciana Savaget – 4ª edição – Rio de
4ª ed. Janeiro: BestBolso, 2011.

ISBN 978-85-7799-211-9

1. Maria, Virgem, Santa – Livro de orações e devoções. I. Savaget, Luciana. I. Título.

09-4884 CDD: 242.72
CDU: 243

Maria de todas as graças, de autoria de Luciana Savaget.
Título número 149 das Edições BestBolso.
Quarta edição impressa em fevereiro de 2011.
Texto revisado conforme o Acordo Ortográfico da Língua Portuguesa.

Publicado anteriormente pela Editora Bertrand Brasil (Rio de Janeiro, 1997).

www.edicoesbestbolso.com.br

Design de capa: Flavia Castro com imagem intitulada "Painting of the Virgin Mary Holding Baby Jesus" (Getty Images).

Impresso no Brasil

ISBN 978-85-7799-211-9

Quero agradecer a Ricardo Gontijo, Edna e Leopoldo Teixeira Leite, Teba Medeiros, Teresa Cavalcanti, Terezinha e Lilian, do Centro de Documentação da TV Globo. E em especial a Frei Betto. Que me ajudaram em Maria de todas as graças.

Sumário

Introdução

Há muitos anos venho colecionando orações de diversos credos, esquecidas ou deixadas propositalmente nos bancos de igrejas. Muitas delas criadas pela crença ou pelas necessidades do povo. Aprendi com as orações a história sofrida dos personagens santificados pela Igreja.

A coleção ganhou uma proporção maior do que eu esperava. Ela não poderia pertencer só a mim. E acabou virando este livro, que gostaria que fosse lido, despretensiosamente, como a confissão de amor, de uma leiga, a Nossa Senhora, Rainha do Céu.

Foi com a ajuda das orações que conheci Maria. Maria mulher, Maria do povo. Antes de ser Rainha Gloriosa, ela é mãe: amorosa e sofrida.

Multiplicam-se histórias sobre a vida da Mãe do Salvador, que foi reduzida a fenômenos que tangem a fantasia. Sua intimidade foi violada. Sua existência, resumida a muitas perguntas em torno da virgindade física. Mas sua trajetória é muito mais que isso, ela é a imagem do povo, de várias civilizações. Não é só Maria Mãe, a Imaculada, é a Mãe de todos os nossos sonhos. E também mulher de sua gente e de seu tempo, em cujas entranhas nasceu o filho, Jesus.

A religiosidade popular tem uma enorme intimidade com Maria. As épocas históricas comprovam-no, principalmente no Ocidente. O tempo transformou a figura dessa mulher repleta de mistérios.

Não podemos esquecer que a Imaculada Conceição, que a fé popular cultua nos altares, é a pobre Maria de Nazaré.

Maria é padroeira de diversas nações. Em cada uma delas, ganha um nome diferente, conforme a cultura. Muitas vezes sua história se mistura com a do próprio povo.

Nas obras de arte, seja nas esculturas, painéis ou pinturas, a fisionomia de Maria projeta o sofrimento humano e, ao mesmo tempo, o desejo de restauração da vida.

Mas foi por meio da paixão e da dor que a devoção popular brotou, trazendo nomes e sobrenomes carinhosos para a simples Maria, que passou a ser de todas as graças.

Existem as Nossas Senhoras como figuras históricas, que representam os lugares onde viveram. Nazaré, Belém... Das aparições: Fátima, Guadalupe, Aparecida, Lourdes; e existem as imagens criadas por nossas próprias indigências. Nomes para todos os momentos da vida.

Nossa Senhora nos acompanha no "desterro", nas "dores", no "repouso". Vai com o povo alimentando a "esperança", "aconselhando", "ajudando", "socorrendo", "guiando", dando "remédios", conduzindo à "vitória", trazendo-nos "glória"... Mas todas elas se unem a uma simples e poderosa Maria.

A imagem de Nossa Senhora com o Menino Jesus nos braços está representada de diversas cores e maneiras. É a simbologia mais pura da maternidade, das mães do mundo inteiro, que geram filhos acreditando na vida.

Nossa Senhora da Vitória, rogai por nós! Nossa Senhora da Graça, protegei-nos!

Nossas Senhoras no mundo

Nossa Senhora de Lujan – Argentina
Nossa Senhora de Fátima – Portugal
Nossa Senhora do Pilar – Espanha
Nossa Senhora de Loreto – Itália
Nossa Senhora de Lourdes – França
Nossa Senhora de Narek – Armênia
Nossa Senhora de Mariazell – Áustria
Maria Auxiliadora – Eslovênia
Virgem de Knock – Irlanda
Virgem Czestochowa – Polônia
Virgem da Coreia – Coreia
A Mãe da Misericórdia da Porta da Aurora de Vilnius – Lituânia
Mãe, Rainha e Vitoriosa Três vezes Admirável de Schoenstatt – Alemanha
Nossa Senhora de Coromoto – Venezuela
Nossa Senhora do Cabo – Canadá
Nossa Senhora do Carmo – Chile
Nossa Senhora de Caacupe – Paraguai
Nossa Senhora de Chiquinquira – Colômbia
Nossa Senhora de Aparecida – Brasil
Nossa Senhora de Guadalupe – México
Nossa Senhora do Valle – Venezuela
Nossa Senhora da Paz – El Salvador
Nossa Senhora da Caridade e do Cobre – Cuba
Nossa Senhora do Quinche – Equador
Nossa Senhora dos Trinta e Três – Uruguai

Nossa Senhora de Altagracia – República Dominicana
Nossa Senhora das Mercedes – Peru
Nossa Senhora da Imaculada Conceição de Suyapa – Honduras
A Imaculada Conceição – Estados Unidos
Virgem do Perpétuo Socorro – Haiti
Nossa Senhora de Copacabana – Bolívia
Nossa Senhora dos Anjos – Costa Rica
Nossa Senhora do Rosário – Guatemala
Nossa Senhora do Velho e da Puríssima Concepção – Nicarágua
Nossa Senhora da "Antigua" – Panamá
Nossa Senhora da Divina Providência – Porto Rico
Nossa Senhora de Fátima – Guiana e Suriname
Nossa Senhora de Sipária – Trinidad e Tobago

Magnificat – O cântico de Maria

Minha alma proclama a grandeza do Senhor,
meu espírito se alegra em Deus,
meu salvador,
porque olhou para a humilhação
de sua serva.
Doravante todas as gerações
me felicitarão,
porque o Todo-Poderoso realizou
grandes obras em meu favor:
seu nome é santo,
e sua misericórdia chega
aos que o temem,
de geração em geração.
Ele realiza proezas com seu braço:
dispersa os soberbos de coração,
derruba do trono os poderosos
e eleva os humildes;
aos famintos enche de bens,
e despede os ricos de mãos vazias.
Socorre Israel, seu servo,
lembrando-se de sua misericórdia
– conforme prometera aos nossos pais –,
em favor de Abraão
e de sua descendência,
para sempre.

Salve-Rainha

Salve, Rainha, Mãe de Misericórdia, vida,
doçura e esperança nossa, salve!
A vós bradamos, os degredados filhos de Eva.
A vós suspiramos, gemendo e chorando
neste vale de lágrimas.

Eia, pois, advogada nossa, esses vossos olhos
misericordiosos a nós volvei, e depois deste
desterro mostrai-nos Jesus, bendito fruto do
vosso ventre, ó Clemente, ó Piedosa,
ó Doce sempre Virgem Maria.

Rogai por nós, Santa Mãe de Deus, para que
sejamos dignos das promessas de Cristo.
Amém.

Ave-Maria

É dividida em três partes. A primeira: "Ave-Maria, cheia de graça, o Senhor é convosco" (Lc 1,28), foi a saudação dita pelo anjo Gabriel quando convidou Maria para se tornar Mãe de Deus.

A segunda vem de Isabel, prima de Nossa Senhora: "Bendita sois vós entre as mulheres e bendito é o fruto de vosso ventre!" (Lc 1,42).

Com o passar dos anos, os cristãos acrescentaram: "Santa Maria, Mãe de Deus, rogai por nós, pecadores, agora e na hora de nossa morte!"

Ave, Maria, cheia de graça,
o Senhor é convosco,
bendita sois vós entre as mulheres
e bendito é o fruto de vosso ventre,
Jesus.
Santa Maria, Mãe de Deus,
rogai por nós,
pecadores,
agora e na hora da nossa morte.
Amém.

Lembrai-vos de Nossa Senhora

Lembrai-vos a puríssima Virgem Maria,
de que nunca se ouviu dizer
que algum daqueles que tivesse recorrido à vossa proteção,
implorando a vossa assistência,
reclamando o vosso socorro,
fosse por vós desamparado.
Animado eu, pois,
com igual confiança, a vós,
Virgem das virgens,
como a Mãe recorro;
de vós me valho,
e gemendo sob o peso dos meus pecados,
me prostro aos vossos pés.
Não desprezeis as minhas súplicas,
ó Mãe do filho de Deus humanado,
mas dignai-vos de as ouvir propícia
e me alcançar o que vos rogo.
[Fazer o pedido.]
Amém.

Oração à Mãe de Deus

1º de janeiro

O calendário dos santos abre com a festa de "Maria Santíssima no mistério de sua maternidade". Maria é rainha de todos os santos e Mãe do Filho de Deus.

A solenidade é a primeira festa mariana que apareceu na Igreja ocidental.

Originalmente, nasceu para substituir o costume pagão das "dádivas", cujos rituais não condiziam com as celebrações cristãs.

O Natal de Santa Maria começou a ser festejado em Roma no século IV.

Maria, minha Mãe e minha Senhora,
eu vos dou a minha alma
e o meu corpo,
a minha vida
e a minha morte,
e tudo o que virá.
Deposito tudo em vossas mãos,
ó minha mãe.
Cobri-me com vosso manto virginal
e concedei-me a graça da pureza do coração,
de alma e corpo.
Defendei-me, com vosso poder,
de todos os inimigos,
especialmente daqueles que escondem a própria maldade
sob a máscara da virtude...

Fortificai a minha alma
e que o sofrimento não a desanime.
Ó Mãe da graça,
ensinai-me a viver em Deus.
Amém.

Ó Maria,
uma espada terrível atravessou a tua santa alma.
Exceto Deus, ninguém conheceu a tua dor.
A tua alma não se partiu;
foi forte porque estava com Jesus.
Doce Maria,
une a Ele a minha alma,
porque somente assim resistirei às provas,
e só meus sacrifícios de cada dia,
unidos aos de Jesus,
serão aceitos por Deus.
Mãe dulcíssima,
que a espada da dor jamais me abata.
Ó Virgem pura,
derramai coragem em meu coração
e velai por ele.

(*Padres Marianos – Curitiba-PR*)

Nossa Senhora da Conceição

8 de dezembro

O dogma da Imaculada Conceição foi proclamado por Pio IX, em 1854. Mas a história da devoção a Maria Imaculada é muito mais antiga. Ela precede de séculos. A proclamação da doutrina veio apenas confirmar uma antiga tradição.

A Igreja introduziu a celebração no calendário romano no século XV. Foi Clemente XI que tornou obrigatórios os festejos em toda a cristandade.

Quatro anos depois da proclamação, a Virgem apareceu, na França, para Santa Bernadete Soubirous. A menina, timidamente, perguntou:

"Senhora, quer ter a bondade de me dizer o seu nome?"

Maria respondeu: "Eu sou a Imaculada Conceição" – nome com o qual ela passou a ser cultuada no mundo inteiro, especialmente no Brasil.

Oh! Incomparável
Virgem da Conceição, Mãe de Deus,
Rainha dos Céus,
Maria,
volvei, para mim – imploro-vos –,
o olhar benigno de vossa misericórdia.
Livrai-me de minhas gravíssimas culpas;
e com o favor de vossa poderosíssima intercessão,
fazei que eu consiga da Divina Majestade
a salvação de minha alma,

a perfeita saúde do corpo e
aquela graça da qual tanto necessito
e que vos recomendo
a fim de que, servindo e louvando-vos nesta vida,
venha depois, um dia,
a amar-vos e agradecer-vos
para toda a eternidade.
Assim seja.

Santíssima Virgem,
eu creio e reconheço
vossa Santa e Imaculada Conceição
pura e sem mancha.
Ó puríssima Virgem Maria,
por vossa Conceição Imaculada
e gloriosa prerrogativa de Mãe de Deus,
alcançai-me,
de vosso amado filho, a humildade,
a caridade, a obediência,
a santa pureza do coração,
de corpo e alma,
a perseverança na prática do bem,
uma santa vida e uma boa morte.
Amém.

Ó Deus
que preparastes uma digna habitação para Vosso filho,
pela Imaculada Conceição da Virgem Maria,
preservando-a de todo pecado
em previsão dos méritos de Cristo,
concedei-nos chegar até vós
purificados também de toda culpa

por sua materna intercessão.
Por Cristo nosso Senhor.
Amém.

Senhor,
pela Imaculada Conceição da Virgem Maria,
preparai uma morada digna de Vosso Filho.
Vós, que prevenistes a morte
a que Ele submeteram,
livrai-nos de toda infâmia,
concedendo-nos,
pela serva intercessão,
de poder subir,
purificar.
Assim seja.
Por Cristo Nosso Senhor.
Amém.

Nossa Senhora das Graças

27 de novembro

A aparição de Nossa Senhora das Graças aconteceu no dia 27 de novembro de 1830, a Santa Catarina Labouré, irmã de caridade.

A freira estava orando na capela do convento, em Paris, quando a Virgem Santíssima apareceu. Era uma "senhora de mediana estatura, seu rosto tão belo e formoso (...) estava de pé, com um vestido de seda, cor de branco-aurora."

"Cobria-lhe a cabeça um véu azul, que descia até os pés (...) As mãos estenderam-se para a terra, enchendo-se de anéis cobertos de pedras preciosas..."

A Santíssima Virgem disse: "Eis o símbolo das graças que derramo sobre todas as pessoas que mais pedem."

Formou-se, então, em volta de Nossa Senhora, um quadro oval, em que se liam em letras de ouro as palavras: "Ó Maria concebida sem pecado, rogai por nós que recorremos a vós." Ao mesmo tempo, a voz da Senhora dizia: "Manda cunhar uma medalha por este modelo. As pessoas que a trouxerem por devoção hão de receber grandes graças."

Comemora-se também, nesse mesmo dia, Nossa Senhora da Medalha Milagrosa.

Eu vos saúdo, ó Maria,
cheia de graças!
Das vossas mãos voltadas para o mundo,
as graças chovem sobre nós.

Nossa Senhora das Graças,
vós sabeis quais as graças
que são mais necessárias para nós;
mas eu vos peço, de maneira especial,
que me concedais esta que vos peço
com todo o fervor de minha alma... [pedir a graça].
Jesus é todo-poderoso,
e vós sois a Mãe dele;
por isto, Nossa Senhora das Graças,
confio e espero alcançar o que vos peço.
Amém.

Ó Maria concebida sem pecado, rogai por nós que recorremos a vós.

(*Rezar 1 Ave-Maria, 1 Pai-Nosso* e *1 Salve-Rainha.*)

Súplica a Nossa Senhora da Medalha Milagrosa

27 de novembro

São cinco aparições importantes do século XIX: Medalha Milagrosa, Salete, Lourdes, Potinain e Pellevoisin. Todas elas aprovadas pela Igreja, quase que imediatamente e, por coincidência, francesas.

Em cada uma delas uma revelação de Maria: a afirmação da Imaculada, a exaltação do Coração e a saudade da realeza sagrada.

Quando a Virgem apareceu pela primeira vez, Catarina Labouré tinha 24 anos e estava no convento de São Vicente de Paulo havia apenas seis meses. Nona filha de um casal que teve 17 filhos, Catarina nasceu na pequena aldeia de Fain, escondida nas encostas da Borgonha francesa. Órfã de mãe, descobriu sua vocação religiosa aos 12 anos.

Em 1923 foi beatificada pelo papa Pio XI e canonizada em 1947 por Pio XII.

Ó imaculada Virgem
Mãe de Deus e nossa Mãe:
ao contemplar-vos de braços abertos,
derramando graças sobre os que vos pedem
cheios de confiança na Vossa poderosa intercessão
inúmeras vezes manifestada
pela Medalha Milagrosa,
embora reconhecendo a nossa indignidade,
por causa de nossas numerosas culpas,

acercamo-nos de vossos pés
para vos expor durante esta novena
as nossas mais prementes necessidades...
[um instante de silêncio]
Concedei-nos, pois, ó Virgem da Medalha Milagrosa,
este favor que, confiantes, vos solicitamos,
para maior glória de Deus,
engrandecimento do Vosso Nome,
e bem de nossas almas.
E para melhor servirmos ao vosso Divino Filho,
inspirai-nos um profundo ódio ao pecado
e dai-nos a coragem de nos afirmar
sempre verdadeiros cristãos.
Amém.

(*Rezar 3 Ave-Marias.*)

Ó Maria, concebida sem pecado, rogai por nós que recorremos a Vós.

Nossa Senhora da Salete
"Virgem dos Alpes"

19 de setembro

No dia 19 de setembro de 1946, na pequena aldeia dos Ablandins, na Salete, região dos Alpes franceses, Melanie Calvat, uma jovem de 15 anos, e seu amigo Maximino Giraud, de 11 anos, viram "uma bela luz que brilhava mais que o sol". "Era a Virgem! Ela trajava um vestido branco prateado, com um avental por cima", como o costume do lugar. "Trazia sobre a cabeça uma coroa de rosas, que não era da terra, elas emitiam raios. Tinha um crucifixo. De um lado da cruz havia um martelo e do outro uma torquês. Sua voz era doce."

A Virgem falou, na hora de sua aparição, segredos a cada um separadamente. Nenhum ouviu os do outro. Maximino só revelou ao papa, e Melanie publicou os seus em 1858. O mais longo era sobre a Revolução Francesa e o nascimento de uma "nova era"... Melanie ainda teve a incumbência, que parecia ser a mais urgente, de fundar uma ordem religiosa que deveria chamar-se Apóstolos dos Últimos Dias, e recebeu a regra ditada pela Santa.

Em 1852, o papa Pio IX dava como verdadeira a aparição da Virgem, e conferiu a Salete certos privilégios litúrgicos e indulgências.

Mais tarde, Leão XIII ordenou que se construísse uma basílica em sua homenagem. A ordem ainda está esquecida nos arquivos do Vaticano e Melanie encontra-se em processo de beatificação.

Lembrai-vos, ó Nossa Senhora da Salete,
das lágrimas que derramastes no Calvário.
Lembrai-vos também dos angustiosos cuidados
que tendes por mim para livrar-me da justiça de Deus.
Depois de terdes demonstrado tanto amor por mim,
não podeis abandonar-me.
Animado por este pensamento consolador,
venho lançar-me a vossos pés,
apesar de minhas infidelidades e ingratidões.
Não rejeiteis minha oração, ó Virgem reconciliadora,
mas atendei-me e alcançai-me a graça que tanto necessito.
Ajudai-me a amar a Jesus sobre todas as coisas.
Eu quero enxugar vossas lágrimas
por meio de uma vida santa
e assim merecer um dia viver convosco
e desfrutar a felicidade eterna do céu.
Amém.

Nossa Senhora de Lourdes

11 de fevereiro

Nossa Senhora apareceu 18 vezes a Bernadete Soubirous na gruta de Masabielle, perto de Lourdes, na França. As aparições começaram em 11 de fevereiro de 1858 e se repetiram até 16 de julho do mesmo ano.

A Virgem se apresentou com o título de Imaculada Conceição. Desde o século passado o Santuário de Nossa Senhora de Lourdes é visitado por pessoas do mundo inteiro.

Bernadete Soubirous foi submetida a interrogatórios pelas autoridades eclesiásticas e chegou-se à conclusão de que as aparições realmente aconteceram.

Bendita sejais,
Virgem puríssima,
que por dezoito vezes vos dignastes
aparecer na gruta de Lourdes,
toda imersa nas irradiações
do vosso próprio esplendor,
da vossa doçura,
da vossa magnificência,
e ali vos revelastes
à humilde e ingênua criança,
para que, no êxtase de sua contemplação,
vos ouvisse dizer:
"Eu sou a Imaculada Conceição."

Bendita sejais, Senhora,
na vossa Imaculada Conceição.
Bendita sejais, pelos extraordinários benefícios
que não cessais de espargir naquele lugar.
E nós, ó Maria, pelo vosso amor de Mãe e
pela glória que vos tributa a santa Igreja,
nós vos conjuramos que realizeis
as esperanças de conversão,
de santificação, de perseverança,
numa palavra, as esperanças de salvação
que nasceram em nós com a proclamação
do dogma da Imaculada Conceição.
Fostes, Virgem Maria,
Imaculada na vossa Conceição.
Rogai por nós ao Pai,
cujo Filho Jesus, concebido do
Espírito Santo, destes à luz.

Nossa Senhora do Carmo

16 de julho

A aparição de Nossa Senhora do Carmo no monte Carmelo é uma importante manifestação da Virgem. Ela deu origem à Ordem dos Carmelitas, que é uma das mais antigas na história da Igreja.

O patriarca é o profeta Elias. Ela caracteriza-se por uma profunda devoção a Maria. No antigo livro "das Instituições", escrito pelos primeiros monges, Elias teve uma visão em que Maria aparecia sob a figura de uma pequena nuvem que saía da terra e se dirigia ao Carmelo.

O monte Carmelo era célebre no Antigo Testamento pela rica vegetação, mas, sobretudo, porque foi lugar de grandes acontecimentos religiosos.

Em 93, os monges construíram nele uma capela em homenagem à Mãe de Jesus.

No século XIII, data da invasão muçulmana à Terra Santa, vários eremitas viviam no monte, que já era considerado sagrado. Nessa época, tinham como superior geral são Simão Stock. Um dia, quando ele rezava, a Mãe de Deus apareceu na sua frente, acompanhada por uma multidão de anjos. Ela segurava nas mãos o escapulário da Ordem e falou: "Eis o privilégio que dou a ti e a todos os filhos do Carmelo: todos os que forem revestidos deste hábito serão salvos."

Ó Santíssima e Imaculada Virgem Maria,
ornamento e glória do Carmelo,

vós que velais tão particularmente sobre os que vestem o vosso sagrado Escapulário, velai também sobre nós e cobri-nos com o manto da vossa maternal proteção.
Fortalecei nossa fraqueza com o vosso poder e dissipai com a vossa luz as trevas do nosso coração. Aumentai em nós a fé, a esperança e a caridade. Ornai nossa alma com todas as virtudes, a fim de que ela se torne sempre mais amada pelo vosso Divino Filho. Assisti-nos durante a vida, consolai-nos com vossa amável presença na hora da morte e apresentai-nos à Santíssima Trindade como vossos filhos e servos fiéis, para que possamos louvar-vos eternamente no céu. Assim seja.

(*Rezar 3 Ave-Marias.*)

Senhora do Carmo, Rainha dos Anjos,
canal das mais ternas mercês de Deus
para com os homens.
Refúgio e advogada dos pecadores,
com confiança eu me prostro diante de vós
suplicando-vos que obtenhais...
[Pede-se a graça.]
Em reconhecimento,
solenemente prometo recorrer a vós
em todas as minhas dificuldades,
sofrimentos e tentações,
e farei tudo que a meu alcance estiver,
a fim de induzir outros a amar-vos,
reverenciar-vos
e invocar-vos em todas as suas necessidades.

Agradeço-vos as inúmeras bênçãos
que tenho recebido de vossa mercê
e poderosa intercessão.
Continuai a ser meu escudo nos perigos,
minha guia na vida
e minha consolação na hora da morte.
Amém.

Nossa Senhora do Carmo,
advogada dos pecadores mais abandonados,
rogai pela alma do pecador mais abandonado no mundo.

Ó Senhora, rogai por nós que recorremos a vós.

(*Rezar 3 Ave-Marias* e *1 Salve-Rainha por uma graça alcançada.*)

Senhor meu Deus,
com o coração arrependido
e com o espírito fortalecido da compreensão
de vosso sagrado corpo e sangue,
observo vossos projetos
e imploro vossa misericórdia.
Por nosso santíssimo Pai reinante,
para que nos livre e nos vença dos inimigos, possa
governar a Igreja que criou
e nos conduza a todas as portas da salvação.
Fazei, meu Deus,
que os príncipes cristãos,
unidos com os laços da caridade e da religião,
trabalhem de comum acordo
para acabar com todas as heresias
e esta indulgência plenária,

que benignamente me concedeis
e tenho intenção de ganhar,
eu a deposito em vossas mãos, Madre do Carmo
e Rainha do purgatório,
para que seja aplicada em sufrágio de...

(*Rezar Pai-Nosso, Ave-Maria, Glória ao Pai e Salve-Rainha, segundo a devoção de cada um.*)

Vos suplicamos, Senhor,
que a poderosa intercessão da Virgem Maria,
em sua proteção do Monte Carmelo,
nos ajude e nos faça chegar até Cristo,
monte da salvação.
Que vive e reina por séculos dos séculos.
Amém.

Rainha e Mãe do Carmelo

É venerada na Espanha, na região de Andaluzia. Para nós, latino-americanos, seria a Nossa Senhora do Carmo.

Vos suplicamos,
Senhor, que nos assistais
com a intercessão poderosa
da Santíssima Virgem Maria,
Mãe e Rainha do Carmelo,
para que, guiados pelo seu exemplo e proteção,
cheguemos até em cima do monte da perfeição que é
Cristo.

Nossa Senhora de Fátima

13 de maio

Durante a Primeira Guerra Mundial, no dia 5 de maio de 1917, o papa Bento XV convidou católicos do mundo inteiro para se unirem numa cruzada de orações pela paz, com a ajuda de Nossa Senhora.

Oito dias depois, a Virgem dava sua resposta aparecendo, a 13 de maio, para três crianças portuguesas: Lúcia, 10 anos; Francisco, 9, e Jacinta, 7. A Senhora marcou com elas um encontro na Cova de Iria, para o dia 13 de todo mês. Lúcia recomendou segredo, mas Jacinta não soube guardá-lo e na data marcada um grande número de pessoas aguardava a aparição de Maria.

Em 13 de julho, na terceira aparição da santa, ela prometeu um milagre, para as pessoas que acreditassem na história das três crianças.

Em agosto, os três videntes ficaram trancados e não foram ao encontro na Cova de Iria.

Em outubro, último encontro, setenta mil pessoas lotavam o lugar das aparições e foram testemunhas do milagre anunciado: o sol parecia mover-se lentamente, crescendo em chamas multicoloridas. E a mensagem de Nossa Senhora foi ouvida por aquelas pessoas: "Rezem o terço todos os dias. Rezem muito e façam sacrifícios pelos pobres pecadores... a guerra vai logo acabar, mas se não pararem de ofender ao Senhor, não passará muito tempo para vir outra pior..."

Quando teve início a Segunda Guerra Mundial, os cristãos lembraram da mensagem de Fátima.

Santíssima Virgem,
que nos montes de Fátima
vos dignastes revelar a três pastorinhos
os tesouros de graças
contidos na prática do vosso santo Rosário,
incuti profundamente em nossa alma
o apreço em que devemos ter essa devoção,
a vós tão querida,
a fim de que, meditando os mistérios da Redenção,
que neles se comemoram,
nos aproveitemos de seus preciosos frutos
e alcancemos a graça...
que vos pedimos,
se for para a glória de Deus
e proveito de nossas almas.
Assim seja.

(*Rezar Pai-Nosso, Ave-Maria, Glória ao Pai.*)

Jaculatória

Meu Deus, perdoai-nos,
livrai-nos do fogo do inferno,
levai as almas para o céu
e socorrei principalmente
as que mais precisarem.

Consagração a Nossa Senhora de Fátima

Ó Maria Santíssima, Senhora de Fátima,
eu me consagro inteiramente a Vós.

Consagro-vos o meu entendimento,
para que eu possa sempre vos amar.
Consagro-vos a minha língua,
para que eu possa sempre vos louvar.
Consagro-vos o meu coração, para que eu
seja totalmente vosso.
Recebei-me, ó Mãe incomparável,
no ditoso número de vossos servos,
acolhei-me debaixo de vossa proteção,
socorrei-me em minhas necessidades
temporais e espirituais
e, sobretudo, na hora da minha morte.
Abençoai-me e fortalecei a minha fé para
que, amando-vos, nesta vida, eu possa
contemplar para todo o sempre a vossa face,
no céu.
Amém.

Nossa Senhora de Guadalupe

12 de dezembro
Padroeira e Protetora da América Latina

Numa madrugada de sábado, quando o sol ameaçava surgir e os pássaros ensaiavam seu canto, a Virgem apareceu, no México, a um pobre índio asteca, chamado Juan Diego. O ano não se pode precisar, mas os livros registram por volta de 1520. Foi a única aparição na América Latina, e tem um significado especial: a Virgem está do lado dos humildes. Ela apareceu quatro vezes, falando em náuatles. Um dos seus desejos era que fosse erguido um templo para que nele todos pudessem sentir seu "amor, compaixão e auxílio". Mas o bispo de Guadalupe resistiu em atender os pedidos da Santa Virgem.

Consolando o pobre índio, a Virgem lhe deu umas rosas, dizendo: "São sinais que você vai levar ao bispo. Diga-lhe, em meu nome, que nessas rosas ele verá a minha vontade, e a cumprirá. Quando chegar diante do bispo, mostre-lhe o que carrega, porém só na presença do bispo (...)"

E o milagre se deu. Quando Juan Diego abriu o manto para mostrar ao bispo, as rosas haviam se transformado numa linda imagem de Nossa Senhora. O pedido da Virgem foi atendido e toda a América Latina ganhou uma padroeira.

Ela é a única Nossa Senhora mestiça.

Piedosa Mãe, nos proteja.
Nos defenda e tenha compaixão de nossa dor.

Escute os nossos lamentos
e nos guie na dor e na pobreza.
Piedosa Mãe latina,
proteja os nossos irmãos,
dando-lhes paz.
Assim seja.

(*Rezar 3 Ave-Marias* e *3 Pai-Nossos.*)

Nossa Senhora de Aparecida

12 de outubro
Padroeira do Brasil

Desde o descobrimento do Brasil cultiva-se, na América Latina, grande devoção a Nossa Senhora. Essa veneração veio de Portugal, trazida pelos colonizadores e missionários à terra de Santa Maria.

Em 1717, três modestos pescadores: Domingos Garcia, João Alves e Felipe Pedroso, moradores às margens do rio Paraíba, cansados e desanimados por não terem pescado nenhum peixe, lançam a rede nas águas e, embaraçada aos fios, recolhem a imagem, sem cabeça, de uma santa. Num segundo arremesso, encontram a cabeça. Impressionados com a pesca milagrosa, experimentam mais um lance, e acabam enchendo as canoas com muitos peixes.

Mas o que impressionou aqueles homens é que a imagem era de cor escura.

E em 1745 foi construída, na pequena região pesqueira, uma igreja em sua homenagem. A imagem passou a ser chamada carinhosamente de Aparecida, dando origem hoje à cidade do mesmo nome.

Em 1929, ela foi proclamada Rainha e Padroeira do Brasil.

Ó incomparável Senhora da Conceição Aparecida,
Mãe de Deus,
Rainha dos Anjos,

advogada dos pecadores,
refúgio e consolação dos aflitos
e atribulados,
Virgem Santíssima,
cheia de poder e de bondade,
lançai sobre nós um olhar favorável,
para que sejamos socorridos por vós,
em todas as necessidades em que nos acharmos.
Lembrai-vos,
ó clementíssima Mãe Aparecida,
que nunca se ouviu dizer que algum daqueles
que têm a vós recorrido,
invocado vosso santíssimo nome
e implorado vossa singular proteção,
fosse por vós abandonado.
Animados com esta confiança,
a vós recorremos.
Tomamo-vos de hoje para sempre por nossa Mãe, nossa
protetora,
consolação e guia,
esperança e luz na hora da morte.
Livrai-nos de tudo o que possa ofender-vos
e a vosso Santíssimo Filho, Jesus.
Preservai-nos de todos os perigos da alma e do corpo;
dirigi-nos em todos os negócios espirituais e temporais.
Livrai-nos da tentação do demônio,
para que, trilhando o caminho da virtude,
possamos um dia ver-vos e amar-vos na eterna glória,
por todos os séculos dos séculos.
Amém.

À nossa querida Nossa Senhora Aparecida

Querida Mãe

Vós que nos amais e nos guiais todos os dias.
Vós que sois a mais bela das mães,
a quem eu amo com todo o coração,
eu Vos peço mais uma vez
que me ajudeis a alcançar essa graça,
por mais dura que ela seja
[pede-se a graça]
Sei que Vós me ajudareis
e me acompanhareis sempre,
até na hora da minha morte.
Amém!

(*Rezar 1 Pai-Nosso e 1 Ave-Maria. Rezar 3 dias seguidos esta oração e, então, se alcançará a graça solicitada, por mais difícil que ela seja.*)

Medjugorje

Consagração ao Imaculado Coração de Maria

Medjugorje quer dizer "lugar entre colinas". E foi numa colina no monte de Podbordo que a Virgem apareceu pela primeira vez, no dia 24 de junho de 1981. A Igreja Católica ainda não reconhece como verdadeiras as aparições.

A região de Medjugorje faz parte de um conjunto de povoados do município de Citluk, na Europa Central. Lá viviam cerca de quatrocentas famílias divididas em cinco aldeias: Viónica, Surmanci, Miletina, Medjugorje e Birjalovici, onde nasceram as crianças que viram a Virgem. A população de Medjugorje é de croatas, embora não seja fronteira da atual Croácia, mas sim da Bósnia-Herzegovina. Região repleta de ódio e conflitos.

Maria apareceu nesse local antes da desavença, exatamente para pedir paz e prevenir os homens da futura guerra: "Paz, paz, paz e somente paz. A paz deve reinar entre Deus e os homens, e entre eles..."

Em 19 de março de 1983 ela voltou a aparecer, mas dessa vez só para duas meninas: Marijama e Jelena Vasilj. Algumas das mensagens mais belas foram entregues a elas.

Ó Coração de Maria,
repleto de bondade,
mostrai-nos o Vosso amor.
A chama do Vosso Coração,
ó Maria,
descei sobre todos os homens!

Nós Vos amamos infinitamente!
Imprimi nos nossos corações o verdadeiro amor,
para que sintamos o desejo
de Vos buscar incessantemente.
Ó Maria,
Vós que tendes um Coração suave e humilde,
lembrai-vos de nós quando cairmos no pecado
Vós sabeis que todos os homens pecam.
Concedei que por meio do Vosso Imaculado
e materno Coração sejamos curados de toda doença
espiritual.
Fazei com que possamos sempre
contemplar a bondade de Vosso materno Coração
e nos convertamos
por meio da chama do Vosso Coração.
Amém.

(*Oração ditada a Jelena em novembro de 1983.*)

Nossa Senhora da Penha

8 de setembro
Padroeira da cidade de São Paulo

A liturgia católica celebra esse dia como sendo o do nascimento de Nossa Senhora. Pouco se sabe sobre a vida da Mãe de Cristo.

A primeira notícia registrada no Evangelho mostra o tempo em que era noiva de São José e o Anjo Gabriel lhe apareceu anunciando sua divina maternidade.

A devoção a Nossa Senhora da Penha vem desde a colonização portuguesa. Um dos pioneiros colonizadores, Baltazar de Abreu Cardoso, foi o primeiro a erguer, em 1635, na sua fazenda, uma pequena capela com a imagem da milagrosa Santa.

Quase cem anos depois, em 1728, foi criada a Irmandade Nossa Senhora da Penha.

Os livros registram uma curiosidade: o imperador D. Pedro II e sua filha, a princesa Isabel, eram devotos fervorosos da Virgem da Penha. Dias antes de assinar a lei que libertou os escravos no Brasil, a princesa pediu ajuda à Santa.

Ó Virgem da Penha!
Soberana princesa escolhida desde a eternidade
para Mãe dos pecadores e consolação dos aflitos,
pela vossa intercessão
oferecemos ao tribunal da Divina majestade
esta humilde oração,
esperando que, com tão eficaz mediadora,
se supra toda a nossa imperfeição.

E Vós, Onipotente Deus e Senhor,
dignai-Vos promover o aumento da fé,
a extirpação das heresias
e a união de todos os Príncipes Cristãos.
Derramai, Senhor,
em nossos corações,
a graça precisa para que
não se afastem de tão santo exercício,
conservando-os no fervoroso
culto de tão santa e milagrosa invocação,
a fim de que, conseguindo na terra
as graças que os sumos pontífices costumam conceder,
possamos depois da morte gozar a bem-aventurança eterna.
Amém.

Nossa Senhora das Dores

15 de setembro

A história registra o doloroso e triste encontro, na Sexta-feira da Paixão, de Maria com Jesus. Seu filho havia sido humilhado e torturado.

Coroado de espinhos, Ele arrastava uma cruz pesada, para ser crucificado. Ela sentiu uma dor tão profunda que perdeu as forças e caiu. Recobrando os sentidos, reuniu todo o vigor de sua alma e acompanhou o Filho, permanecendo embaixo da cruz até o fim.

Inicialmente, a festa era celebrada com o título de Nossa Senhora da Piedade e Compaixão de Nossa Senhora. No século XVIII, Bento XIII determinou que a comemoração passasse a ser de Nossa Senhora das Dores.

Virgem Santíssima das Dores,
olhai-me carregando a cruz
de meu sofrimento.
Acompanhai-me como acompanhastes a Vosso Filho Jesus
no caminho do Calvário.
Sois minha Mãe e vos necessito.
Ajudai-me a sofrer
com amor e esperança
para que minha dor
seja dor redentora.
Que as mãos de Deus
se convertam num grande bem
para a salvação das almas.
Amém.

Nossa Senhora do Desterro
(para estar sempre protegido)

16 de fevereiro

A Virgem Maria foi obrigada, junto com o marido José, a fugir de Jerusalém, para que o pequeno Jesus não fosse morto.

O anjo do Senhor apareceu no sonho de José e lhe disse: "Levante-se, pegue o menino e a mãe dele, fuja para o Egito! Fique lá até que eu avise. Porque Herodes mandou matar todos os meninos de Belém e de todo o território ao redor, de dois anos para baixo, calculando a idade de Jesus." (Mt 2,13). Por ter que abandonar sua terra e sofrer na travessia de uma nova vida, surgiu a Nossa Senhora do Desterro.

Alguns teólogos dizem que esse nome foi dado pelos portugueses, ao serem obrigados a abandonar Portugal por causa do Brasil.

Valei-me, Santíssima Pureza
e Castidade de Nossa Senhora do Desterro.
Virgem antes do parto,
Virgem no parto,
depois do parto,
ficando Ela sempre virgem.
Minha Mãe Santíssima,
por estas palavras que comigo trago,
vos peço que me livreis
de todos os trabalhos.
Do perigo, brigas, falsos testemunhos,
tentações do demônio

e de todos os pecados.
Assim seja.

(*Rezar 5 Pai-Nossos, 5 Ave-Marias, oferecidos à Santíssima Mãe Nossa Senhora do Desterro.*)

De Belém ao Egito,
com o Menino recém-nascido escondido
e apertado ao peito,
por terras desérticas e desconhecidas,
triste e silenciosa,
seguindo os passos firmes de José...
eis a Mãe do Filho de Deus
a caminho do desterro.
Nossa Senhora do Desterro,
olhai por vossos filhos,
apreensivos e inseguros,
neste vale de lágrimas,
a caminho da Pátria definitiva.
Depois deste desterro,
ó Mãe carinhosa,
mostrai-nos Jesus, bendito
fruto do vosso ventre,
ó clemente,
ó piedosa,
ó doce sempre Virgem Maria.
Nossa Senhora do Desterro,
acompanhai-nos na travessia
do deserto da vida,
até alcançarmos o oásis eterno,
o céu.
Amém.

Nossa Senhora da Glória

15 de agosto

Com a Ressurreição de Cristo, Maria compartilhou o poder de sua glória. Alguns teólogos perguntaram, durante anos, como é que Maria, depois que seu Filho ressuscitou, pôde viver na terra "com tal peso da Glória".

Nossa Senhora da Glória é evocada para agradecimentos e bênçãos.

Ó Virgem bem-aventurada,
louvada e querida de todos os santos,
rogai por mim, pecador,
ao vosso precioso filho.
Estrela dos anjos,
formosura dos arcanjos
e dos santos patriarcas,
santíssima coroa dos mártires e das virgens,
ajudai-me, Senhora,
naquela verdadeira hora da minha morte,
para que possa ter ingresso minha alma
em nossa preciosa morada.
Ó Bem-aventurada protetora dos cristãos,
Virgem Santíssima, nas vossas mãos,
antes do sono eu entrego, extenuado de fadiga,
minha alma, que o vosso santo Filho
ampare com sua santa glória.

Livrai-me, Mãe Santíssima, de meus inimigos,
que eles tenham olhos e não me vejam.
Livrai-me da morte inesperada para que eu possa morrer
em vossa glória.
Mãe Misericórdia, tende piedade de mim.
Amém.

Ó dulcíssima soberana, Rainha da Glória,
bem sabemos que, miseráveis pecadores,
não éramos dignos de vos possuir
neste vale de lágrimas,
mas sabemos também que a vossa grandeza
não voz faz esquecer a nossa miséria e,
no meio de tanta glória,
a vossa compaixão, longe de diminuir,
aumenta cada vez mais conosco.
Do alto desse trono em que reinais
sobre todos os anjos e santos,
volvei para nós os vossos olhos misericordiosos;
vede a quantas tempestades e mil perigos estaremos,
sem cessar, expostos até o fim de nossa vida!
Pelos merecimentos de vossa bendita morte,
obtende-nos o aumento da fé,
da confiança e da santa perseverança
na amizade de Deus,
para que possamos, um dia,
ir beijar os vossos pés e
unir as nossas vozes às dos espíritos celestes,
para louvar e cantar as vossas glórias
eternamente no céu.
Assim seja.

(*Rezar 3 Ave-Marias.*)

Nossa Senhora do Rosário

7 de outubro

A comemoração de Nossa Senhora do Rosário foi instituída pelo papa Pio V, em 1571, para comemorar o aniversário da batalha naval de Lepanto contra a frota turca.

Os livros registram uma vitória dos cristãos e a lenda afirma que ela se deu porque eles pediram ajuda à Santa Mãe de Deus, rezando o rosário.

A origem do terço é muito antiga. Os anacoretas orientais usavam as pedrinhas para contar suas orações vocais. Uma outra lenda afirma que, em 1328, Nossa Senhora apareceu a São Domingos, recomendando-lhe a reza do rosário para a salvação do mundo. Rosário significa coroa de rosas oferecida a Nossa Senhora.

Os maiores divulgadores da devoção do rosário no mundo inteiro foram os dominicanos.

Virgem Maria,
fazei que a recitação do vosso rosário
seja cada dia, para mim, no meio de meus
múltiplos deveres, um laço de unidade nos atos,
um tributo de piedade filial,
uma doce recreação,
um socorro para marchar alegremente
na senda do dever.
Fazei, sobretudo, ó Virgem Maria,
que o estudo de vossos quinze mistérios forme,
pouco a pouco, em minha alma,

uma atmosfera luminosa, pura,
fortificante, embalsamada,
que penetre minha inteligência,
minha vontade, meu coração,
minha memória, minha imaginação,
todo o meu ser.
Assim adquirirei o hábito de orar
trabalhando sem o socorro de fórmulas,
por vistas interiores de admiração
e de súplica ou por aspiração de amor.
Eu vo-lo peço, ó Rainha do santo Rosário,
por Domingos vosso filho predileto,
o insigne pregador de vossos mistérios
e fiel imitador de vossas virtudes.
Assim seja.

Consagração a Nossa Senhora "Rosa Mística"

Poetas da chamada quarta geração francesa (século XII), envolvidos pelo amor cortês, dedicavam seus poemas à "Dama do Mundo". Galanteios à "Rosa das rosas". O místico também era poeta e, como trovador, seu motivo vital é o amor. Daí surgiu a "Nossa Senhora da Rosa Mística". Uma exaltação à mística da natureza e à "Senhora de todas as Senhoras".

Ó Maria Santíssima,
Senhora Mística,
eu me consagro inteiramente a Vós.
Consagro-vos o meu entendimento,
para que eu possa sempre vos amar.
Consagro-vos a minha língua,
para que eu possa sempre vos louvar.
Consagro-vos o meu coração,
para que eu seja totalmente vosso.
Recebei-me, ó Mãe incomparável,
no ditoso número de vossos servos,
acolhei-me debaixo de vossa proteção,
socorrei-me em minhas necessidades
temporais e espirituais,
e, sobretudo, na hora da minha morte.
Abençoai-me e fortalecei a minha fé para que, amando-vos nesta vida,
eu possa contemplar para todo sempre a vossa face, no céu.
Amém.

Oração fervorosa em louvor à Rosa Mística

Ó Maria, Rosa Mística,
Mãe da Igreja, rogai por nós!
Ensinai-nos a rezar,
a sofrer e a reparar!
São José, sustentáculo das famílias,
rogai por nós e abençoai-nos.

Virgem do Coxim

A beleza de Maria, a suavidade das cores, compõem um dos mais harmoniosos e bonitos altares do artista florentino Andrea Della Robbia. A obra foi criada no século XV e encontra-se na Espanha. É venerada com fervor e considerada imagem milagrosa.

Te pedimos, Senhor,
que o amor que teve Maria a Jesus e Jesus a Maria
sirva de exemplo ao mundo e aos homens
para amar, amar mais e amar melhor.

Oração à Virgem Maria

Maria é a verdadeira Mãe de Jesus. Esta proclamação foi feita solenemente, no Concílio de Éfeso, em 431, e mantida até os dias de hoje.

Minha Nossa Senhora da Conceição,
vós sois aquela pessoa
que entrastes no céu vestida de sol,
calçada de luz,
coroada de estrelas
e cercada de anjos.
Vós prometestes ao anjo Gabriel
socorrer todo aquele que invocasse seu Santo Nome
em momento de aflição.
Este é o meu momento, Nossa Senhora da Conceição.

(*Faça o pedido com fé e reze 1 Ave-Maria e 1 Salve-Rainha.*)

Virgem dos Reis

A imagem é venerada na Capela Real da catedral de Sevilha, na Espanha.

Felipe II a chamou de Rainha das imagens de Nossa Senhora. Seu vestido e manto realçam uma beleza terna.

A obra é de meados do século XIII. Sua origem é desconhecida. Também não se sabe o nome do artista.

Te louvamos, Pai,
por teu imenso amor,
que tem triunfado
plenamente em Maria,
e te pedimos que teu amor
triunfe também em nós.

Virgem da "Antigua"

Rainha hispânica e do descobrimento. Ela carrega, em uma das mãos, uma rosa, símbolo da maternidade divina, e, na outra, o Menino Jesus. Três anjos coroam a virgem, anunciando a esperança.

Essa imagem foi pintada em uma das paredes da Mesquita Catedral, em Córdoba, e foi transladada junto com o muro para a catedral de Sevilha.

Salve Mãe,
na terra de meus amores,
te saúdam os cantos que alçam o amor.
Rainha de nossas almas,
flor das flores,
mostra aqui o resplendor da tua glória,
que amor no céu tão só
seja maior.

Nossa Senhora de Lujan

8 de maio
Padroeira da Argentina

A origem do nome Lujan veio dos índios Lojaes, primitivos habitantes das terras andinas. No século XVII, a pequena imagem de Nossa Senhora, que havia sido confeccionada no Brasil, em São Paulo, chegou a Buenos Aires. A imagem mede cerca de 17 centímetros e é toda em argila queimada. Com o desgaste do tempo, foi construída uma couraça de ouro para não permitir sua total degeneração. A partir de 1887, ela ganhou um riquíssimo manto. O santuário de Lujan, a setenta quilômetros da capital Argentina, recebe milhões de peregrinos, todos os anos, do mundo inteiro.

Virgem de Lujan,
Imaculada Mãe de Deus, ajudai-nos!
Vós, que "em uma humilde imagem
de vossa pura e limpa Concepção ficastes
milagrosamente nas beiras do rio Lujan, como símbolo de
vossa maternal proteção sobre o povo
argentino", levai-nos de vossa mão para que possamos chegar
até vosso Divino Filho Jesus Cristo, nosso Salvador.
[Agradece-se e faz-se o pedido.]
Deus vos Salve, Maria...
Nossa Senhora de Lujan, rogai por nós.

(*Emílio Ogñenovich – bispo de Lujan*)

Deus te salve

Romanaitei Maria, Tupã
remine etégui ne Renyheva
fiandejar a õi nendive.
Kuñarai magmáva apytegui reñe
porange – Rekojeva
ha momorambyete ave memby
ore mo ingovehara Santa Maria:
Tupãs y maria Marangatu,
eñembo e mikena are angaia
pavara rehe, ãga ja ara
romonohápe.

(*Oração dos índios paraguaios.*)

Nossa Senhora do Perpétuo Socorro

27 de junho

"Senhora da morte e Rainha da vida, o auxílio dos cristãos, o Socorro seguro e certo dos que a invocam com amor filial."

Nossa Senhora do Perpétuo Socorro é representada por uma belíssima pintura do século XIII, de estilo bizantino. Segundo a lenda, ela foi trazida da Grécia por um comerciante desconhecido.

De semblante grave e melancólico, Nossa Senhora traz, no braço esquerdo, o Menino Jesus, ao lado, o Arcanjo Gabriel apresenta quatro cravos e uma cruz.

Em 1499, foi colocada em exposição na Igreja de São Mateus. Quase 320 anos depois (1812), o velho santuário foi demolido e o quadro foi levado para um oratório dos padres agostinianos. Em 1866, os padres da congregação do Santíssimo Redentor – os redentoristas – ganharam a imagem milagrosa, de Pio IX. Hoje ela está em Roma, na Igreja de Santo Afonso.

Ó Senhora do Perpétuo Socorro,
mostrai-nos que sois verdadeiramente nossa Mãe e
obtenha-me
[pedir a graça que deseja receber]
restabelecimento da saúde,
a conversão do esposo, filho, pai,
o bom êxito de um negócio,
vitória sobre o vício...
e a graça de usar dela para a glória de Deus
e a salvação de minha alma.

Ó glorioso Santo Afonso,
que por vossa confiança na bem-aventurada Virgem
conseguistes tantos favores e tão perfeitamente provastes,
em vossos admiráveis escritos,
que todas as graças nos vêm de Deus
pela intercessão de Maria,
alcançai-me a mais terna confiança
para com nossa Mãe do Perpétuo Socorro
e rogai-lhe, com instância,
me conceda o favor que reclamo
de seu poder e bondade maternal.
Eterno Pai, em nome de Jesus
e pela intercessão de nossa Mãe do Perpétuo Socorro
e de Santo Afonso, peço-vos me atendais
para vossa glória e bem da minha alma.
Amém.

Mãe do Perpétuo Socorro, rogai por nós.

(*Rezar, durante 9 dias, 9 Ave-Marias, e no final, a oração acima.*)

Sagrado Coração de Maria

19 de junho

Três são os símbolos essenciais da Virgem Maria: a cruz, sinal da salvação; o sol, símbolo da luz de Cristo; e o coração, a importância e necessidade da oração.

Ó Maria, Mãe de Deus e nossa Mãe,
Rainha do céu
e refúgio dos pecadores,
ao Vosso Coração Imaculado
consagramos nossa vida,
todo nosso ser,
tudo o que temos,
tudo o que amamos,
tudo o que somos.
A Vós pertencem nossos lares,
nossa pátria.
Queremos que seja vosso,
e participe dos benefícios
de vossas bênçãos maternais,
tudo o que existe em nós
e ao redor de nós.
E para que esta consagração
seja realmente eficaz e duradoura,
renovamos hoje, aqui aos vossos pés,
ó Maria,
as promessas do nosso batismo

e da nossa primeira comunhão.
Comprometemo-nos a professar
corajosamente e sempre
as verdades da fé,
e a viver como católicos,
submissos à Sua Santidade,
o papa, e aos bispos em comunhão com ele.
Comprometemo-nos a observar
os mandamentos de Deus e da Igreja,
particularmente a santificação do domingo.
Queremos empenhar-nos,
ó gloriosa Mãe de Deus e nossa Mãe,
para que o Reino de Cristo,
vosso Filho,
seja uma presença em nossas
almas, na terra como no céu.
Queremos oferecer cinquenta rosas pela reza do terço,
meditando sobre os mistérios do santo Rosário.
Amém.

Nossa Senhora do Amor Divino

Em suas mãos, a simbologia do Espírito Santo. Aos seus pés, cinco anjos. Ela tem um semblante de paz e uma expressão de amor. E, na cabeça, a coroa de rainha.

Ó Maria, Mãe Puríssima do Verbo de Deus,
Esposa Imaculada do Espírito Santo,
Rainha e Senhora do Amor Divino,
volvei para nós vosso olhar compassivo!
Mãe de Misericórdia,
convertei-nos de nossos pecados:
Mãe da Divina Graça,
obtende-nos de Jesus, Vosso Filho,
todas as graças que sabeis nos serem necessárias.
Protegei a Santa Igreja:
dai-lhe uma liberdade segura e completa
que a faça triunfar de seus inimigos.
Estabelecei entre os povos e as nações,
na sociedade e nos indivíduos,
o domínio da verdadeira paz e da caridade cristã.
Fortalecei nas famílias o espírito de sacrifício
e o vínculo sagrado do amor.
Afastai de nós a heresia,
os erros contra a fé,
a dissolução dos costumes
e a perversão dos vícios.
Suscitai, em nossa paróquia e em nossa diocese
numerosas e santas vocações sacerdotais.

Defendei a inocência das crianças,
convertei os pecadores,
assisti os enfermos,
valei aos desamparados,
socorrei os necessitados
e, pelo Amor Divino, vós que
sois a Soberana Senhora e dadivosa Rainha,
levai todos os corações ao coração de vosso
Divino Filho.
Assim seja.

(*Rezar 3 Ave-Marias.*)

Nossa Senhora da Divina Providência

A imagem de Nossa Senhora da Divina Providência mostra uma mãe carinhosa, embalando o filho. O olhar transmite paz e um enorme amor.

Ó Maria, Virgem Imaculada, Mãe da Divina Providência,
sustentai minha alma com a plenitude da vossa graça;
governai minha vida e dirigi-me nas veredas da virtude
até o cumprimento perfeito da Divina vontade.
Alcançai-me o perdão de minhas culpas;
sede meu refúgio, minha proteção,
defesa e guia na peregrinação deste mundo;
consolai-me na minha aflição,
sustentai-me no perigo,
sede-me seguro asilo nas tormentas da adversidade!
Alcançai-me, ó Maria,
a renovação interna do coração, para que se torne morada
santa do vosso Divino Filho Jesus;
afastai de mim, sempre fraco e mísero,
todo o pecado, toda a negligência,
languidez, pusilanimidade e desrespeito humano;
tirai inteiramente do meu coração o orgulho,
a vã glória, o amor-próprio e todas as afeições
terrenas que forem obstáculo
à eficácia da vossa proteção.
Ó dulcíssima Mãe da Providência,
lançai um olhar materno sobre mim,

e se por fraqueza ou malícia atraí sobre mim
as ameaças do Eterno Juiz ou contristei o
Coração Sagrado do meu amado Jesus,
cobri-me com o manto da vossa proteção,
e serei salvo.
Vós sois minha esperança sobre esta terra;
fazei com que possa saudar-vos no céu como Mãe da Glória!
Assim seja.

Leão XIII, 27 de fevereiro de 1886

(*Rezar 3 Ave-Marias.*)

Nossa Senhora do Montserrat

Esta oração foi encontrada em Jerusalém, ao pé da imagem de Jesus. Junto a ela estava escrito: "Todo homem ou mulher, menino ou menina, que consigo trouxer esta oração, não morrerá com sofrimento nem repentinamente. Não será ofendido pelos inimigos, morrerá sem aflição. Não morrerá afogado, não será queimado, não passará perigos no mar, não será ferido na guerra, nem tentado pelo demônio. Não morrerá sem confissão, não será mordido por cães danados, nem por outros animais peçonhentos. Toda mulher que estiver em perigo de vida por causa do parto será logo aliviada em virtude desta oração e livre também da gota-coral. Mas é necessário ter muita fé em tudo, porque, não havendo fé, não pode haver milagres, nem salvação."

Bendita e louvada seja a sagrada paixão
e morte de Nosso Senhor Jesus Cristo,
rogai por nós. Santa Formosura dos Anjos.
Tesouro dos Apóstolos.
Depósito da Arca da Aliança.
Senhora Santa Maria,
mostrai-nos em tão belo dia vossa face gloriosa.
Amém.

Ó clementíssima Virgem Maria,
minha soberana e Mãe,
augusta Senhora de Montserrat,
venho lançar-me no seio

de vossa misericórdia
e ponho, desde agora e para sempre,
a minha alma e o meu corpo
debaixo da vossa salvaguarda
e da vossa bendita proteção.
Confio-vos e entrego nas vossas mãos
todas as minhas esperanças
e consolações, todas as minhas penas
e misérias, bem como o curso
e o fim de minha vida, para que,
por vossa intercessão e
vossos merecimentos, todas as minhas
ações se dirijam e se disponham
segundo a vontade do vosso
Divino Filho, Nosso Senhor Jesus Cristo,
e que minha alma, depois desta vida,
possa alcançar a vida eterna.
Ó Mãe concebida sem pecado,
rogai por nós, que recorremos a vós.
Nossa Senhora do Montserrat,
rogai por nós.
Amém.

Nossa Senhora do Ó

Consultamos diversos livros para entender, talvez até semanticamente, o significado de Maria do Ó. Alguns teólogos acreditam que a Nossa Senhora do Ó tem a ver com a exclamação "OH" atribuída a Maria na hora do parto, no momento em que dava à luz o Menino Jesus.

Acredita-se, também, que possa ter surgido das orações latinas em que a exclamação "OH!" – sem o "H" – é uma louvação de esplendor.

Nas aparições da Virgem a Catarina Labouré, em 1830, seus pés pisavam uma esfera branca que, segundo as interpretações dos estudiosos, significava o mundo.

A conclusão que tiramos é que o "Ó" tem diversos simbolismos.

Oh! Maria, concebida sem pecado,
rogai por nós.
Rogai por nós que recorremos a Vós.
Dai-nos esperanças,
paz interior e a mesma
força que tivestes ao dar à luz
o vosso Filho Jesus.
Oh! Maria
Mãe amada, agradeço a
graça da minha fé.
Amém.

Consagração e súplica a Nossa Senhora Auxiliadora

24 de maio
Protetora do lar

Santíssima Virgem Maria,
a quem Deus constituiu Auxiliadora dos Cristãos,
nós Vos escolhemos como Senhora e Protetora desta casa.
Dignai-vos mostrar aqui Vosso auxílio poderoso.
Preservai esta casa de todo perigo:
do incêndio, da inundação, do raio, das tempestades,
dos ladrões, dos malfeitores, da guerra
e de todas as outras calamidades que conheceis.
Abençoai, protegei, defendei,
guardai como coisa vossa
as pessoas que vivem nesta casa.
Sobretudo, concedei-lhes a graça mais importante:
a de viverem sempre na amizade de Deus,
evitando o pecado.
Dai-lhes a fé que tivestes na Palavra de Deus,
e o amor que nutristes para com Vosso Filho Jesus
e para com todos aqueles
pelos quais Ele morreu na cruz.
Maria, Auxílio dos Cristãos,
rogai por todos que moram nesta casa
que Vos foi consagrada.
Assim seja.

Consagração a Nossa Senhora Auxiliadora

Ó Maria Santíssima,
Senhora Auxiliadora,
Eu me consagro inteiramente a Vós,
Consagro-vos o meu entendimento,
para que eu possa sempre vos amar.
Consagro-vos a minha língua,
para que eu possa sempre vos louvar.
Consagro o meu coração,
para que eu seja totalmente vosso.
Recebei-me, ó Mãe incomparável,
no ditoso número de vossos servos,
acolhei-me debaixo de vossa proteção,
socorrei-me em minhas necessidades
temporais e espirituais,
e sobretudo na hora da minha morte.
Abençoai-me e fortalecei minha fé
para que, amando-vos, nesta vida,
eu possa contemplar para todo o sempre a vossa face
no céu.
Amém.

Nossa Senhora de Nazaré

Ó gloriosa Virgem de Nazaré,
cujos louvores os anjos cantam no céu,
também eu me junto de alma e coração
a esse hosana e vos dirijo minhas saudações.
E já que nada recusais a vossos servos,
alcançai-me todas as graças que são necessárias,
mas principalmente a graça inestimável de amar Jesus,
como vós o amastes,
e morrer como vós da morte dos justos.
Amém.

Nossa Senhora da Boa Viagem

Virgem Santíssima, Senhora da Boa Viagem,
esperança infalível dos filhos da Santa Igreja,
sois guia e eficaz auxílio
dos que transpomos a vida por entre perigos do corpo
e da alma.
Refugiando-nos sob o vosso olhar materno,
empreendemos nossas viagens,
certos do êxito que obtivestes
quando vos encaminhastes para visitar
vossa prima Santa Isabel.
Em ascensão crescente na prática de todas
as virtudes transcorreu vossa vida,
até o ditoso momento de subirdes
gloriosa para os céus.
Nós vos suplicamos, pois, ó Mãe querida,
velai por nós, indignos filhos vossos,
alcançando-nos a graça de seguir os
vossos passos, assistidos por Jesus e José
na peregrinação desta vida
e na hora derradeira de nossa partida
para a eternidade.
Amém.

Nossa Senhora dos Navegantes

Ave. Estrela do Mar.
Virgem poderosíssima,
Mãe e advogada
de todos os que navegam no mar
proceloso da vida!
À vossa valiosa proteção confiou-nos
o vosso Divino Filho,
para serdes nosso guia,
proteção, consolo e alento
durante nossa vida terrestre.
Refugiando-nos, cheios de confiança,
debaixo do vosso manto maternal,
sede-nos farol,
sede-nos sempre a brilhante Estrela do Mar
que nos oriente, a fim de que nunca pereçamos,
nem nos desnorteemos da rota segura
que nos levará ao porto
da eterna bem-aventurança,
onde, em companhia vossa,
do vosso Divino Filho
e de todos os santos,
gozemos a serenidade da vida
em Deus para sempre.
Amém.

Nossa Senhora do Bom Parto

Ó Maria Santíssima,
vós, por um privilégio especial de Deus,
fostes isenta da mancha do pecado original,
e devido a esse privilégio não sofrestes
os incômodos da maternidade,
nem ao tempo da gravidez
nem no parto,
mas compreendeis perfeitamente as angústias
e aflições das pobres mães que esperam um filho,
especialmente nas incertezas do sucesso ou insucesso
do parto.
Olhai por mim, vossa serva,
que na aproximação do parto
sofro angústias e incertezas.
Dai-me a graça de ter um parto feliz.
Fazei que meu bebê nasça com saúde,
forte e perfeito.
Eu vos prometo orientar meu filho
sempre pelo caminho que o vosso filho, Jesus,
traçou para todos os homens:
o caminho do bem.
Virgem Mãe do Menino Jesus,
agora me sinto mais calma
e mais tranquila, porque já sinto vossa maternal proteção.
Nossa Senhora do Bom Parto,
rogai por mim!

Nossa Senhora d'Ajuda

Ó Senhora d'Ajuda,
Virgem Mãe de Deus,
padroeira da cidade de Três Pontas,
ajudai-nos na nossa fé,
dai-nos a graça de sermos bons cristãos
e de crermos na presença real de Jesus Cristo,
Nosso Senhor,
no Sacramento da Eucaristia ou Comunhão.
Vós, ó Jesus,
dissestes, tomando e abençoando,
nas vossas mãos, o pão:
"Isto é o meu corpo,
tomai e comei. Aquele que comer
a minha carne tem vida eterna
e eu o ressuscitarei no último dia",
isto é, o fim do mundo.
Fundamentados na vossa palavra,
nos Evangelhos e nos ensinamentos da Santa Igreja,
nós cremos em vós
e na vossa presença no Santíssimo Sacramento do altar.
Unindo-nos à Virgem Maria e Senhora d'Ajuda,
aos anjos e santos,
nós vos adoramos, nós vos amamos,
a vós agradecemos de permanecerdes conosco
no sacrário das nossas igrejas.
Abençoai-nos, a nós,
nossos pais, nossos irmãos, nossos filhos,

nossos parentes, nossos amigos e inimigos,
e todos os que nos são caros.
As pessoas que estão afastadas de vós,
pelo pecado, fazei que elas voltem
quanto antes à vossa graça e ao vosso amor.
Às que sofrem,
que elas contemplem a vossa imagem na cruz.
Dai-nos a graça de vivermos os vossos mandamentos
e nunca deixarmos de assistir à Santa Missa
aos domingos e dias santos,
rezando-a bem, com os vossos sacerdotes.
Nós cremos em vós e na vossa presença na Hóstia Santa,
como alimento dos homens, e
desejamos unir-nos a vós neste momento de amor.

Nossa Senhora da Boa Morte

Maria desde os tempos mais remotos é protetora dos doentes e enfermos terminais. No Brasil o culto a Nossa Senhora da Boa Morte começou em Salvador. A imagem é da santa deitada numa cama.

Ó Maria, Virgem Mãe do Menino Jesus,
A vós confiamos, pois, reconhecidas,
Nossas famílias, as pessoas que se recomendam
À vossa proteção e todas as nossas necessidades
Espirituais e temporais.
Ó Mãe celeste, nós vos oferecemos as ações,
As preces, os sofrimentos deste dia,
Em homenagem em espírito e reparação,
Enquanto vos pedimos,
Ó Virgem Mãe,
Fazer viver o vosso Jesus em nosso coração
Com a plenitude da graça divina,
À hora da nossa morte.
Concedei-nos uma santa morte.
Amém.

Nossa Senhora Desatadora dos Nós

Protetora nas dificuldades e no casamento

A imagem da Nossa Senhora Desatadora dos Nós é venerada desde o século VII, na Alemanha. Chegou ao Brasil pela devoção dos argentinos. A imagem é de uma Nossa Senhora com uma corda, com nós, nas mãos e aos seus pés dois anjos adultos.

Santa Maria cheia da presença de Deus,
Durante a sua vida aceitaste com toda a humildade
A vontade do Pai.
Nunca nada de mau foi capaz de envolvê-la
E sempre intercedeste em nossas dificuldades e
Com toda a sua paciência nos deste o exemplo de como
Desenrolar as linhas da nossa vida.
Tu que como coração materno desata os nós
Que entorpecem as nossas vidas, a tu pedimos que
Recebas em tuas mãos [o nome da pessoa]
E a [o] livre das amarras com quem castigas aquele que é
Nosso inimigo.
Por tua graça, por tua intercessão, com o teu exemplo
Desate os nós de nossas vidas, para que livres possamos
Viver em paz.
Amém.

Nossa Senhora do Refúgio: a Divina Peregrina

Padroeira dos peregrinos, sua imagem está na cidade de Porto Vedra, na Espanha. Ela tem um cajado na mão direita e carrega o Menino Jesus com a esquerda. Usa um chapéu e veste uma capa que sai dos ombros, mas não cobre a sua vestimenta. Padroeira dos viajantes e aventureiros.

Abaixo da sua proteção nos acolhemos,
Santa Mãe de Deus
Não desprezes as súplicas
Que te dirigimos em nossas necessidades.
Nos livres sempre do perigo,
Ó Virgem gloriosa e bendita.

Rogue por nós, Virgem Peregrina.
Para que alcancemos as promessas de Jesus Cristo.

Oremos:

Deus de Misericórdia,
Fortalece nossa débil condição
E ao recordar a Virgem Peregrina,
Mãe de teu Filho,
Concedemos por tua intercessão,
Vermos livres de todo o mal,
Por Jesus Cristo Nosso Senhor.
Amém.

Nossa Senhora Rainha dos Anjos

2 de agosto

Augusta Rainha dos Anjos e Senhora dos Anjos,
Vós que recebestes de Deus o poder e a missão
De esmagar satanás, humildemente vos rogamos
Que envies as legiões celestes, para que às vossas
Ordens, persigam e combatam os demônios por toda a parte,
refreando a sua audácia e precipitando-os no abismo.

Quem é como Deus?

Ó bondosa e carinhosa Mãe, vós sempre sereis o nosso
Amor e esperança.
Ó divina Mãe, vós sempre sereis nosso amor e nossa esperança.
Ó divina Mãe, envia os Santos Anjos em nossa defesa, afastando
Para longe de nós o cruel inimigo.
São Miguel e todos os Santos Anjos, combatei e rogai por nós

Nossa Senhora Rainha dos Anjos,
sede eternamente a nossa proteção.

Santíssima Virgem das Angústias

A imagem de Nossa Senhora das Angústias é imponente. Ela está sentada, vestindo um manto dourado e em seu colo repousa Jesus Cristo, ferido, recém-tirado da cruz. De olhos fechados ela estende as mãos, num gesto de carinho e consolo ao filho ferido. Seu colo é grande, do tamanho do corpo de Jesus Cristo. Ela é padroeira da cidade de Granada, na Espanha.

Ó Virgem das Angústias
Rainha e mãe de Granada.
Aos teus pés eu imploro:
Fogueira de fé e de amor.
Na vida e na morte,
Protege-nos com teu manto
E com seu canto ajude
Que o Senhor nos ampare.

Existe uma mãe de amores
Que adora Granada inteira,
É a Virgem das Angústias,
Que vive na estrada.

Nossa Senhora da Consolação

Ó Santíssima Virgem Maria,
que para inspirar-nos uma ilimitada confiança
quisestes tomar o dulcíssimo
nome de Mãe da Consolação,
eu vos suplico, me consoleis
em todo o tempo e lugar,
em minhas tentações,
nas minhas recaídas,
dificuldades e misérias,
e, mais que tudo,
na hora da morte.
Concedei-me, ó amantíssima Mãe,
o pensamento e o costume
de recorrer sempre a vós,
porque estou certo de que, sendo eu fiel
em invocar-vos, vós mais o sereis em consolar-me.
Obtende-me, pois, esta que é a maior das graças,
recorrer a vós sem cessar e sempre,
com confiança de filho,
a fim de que, em virtude
da minha constante súplica,
mereça vossa perpétua consolação
e a perseverança final.
Dai-me, ó terna e cuidadosa Mãe,
a vossa bênção, e rogai por mim
agora e na hora da minha morte.
Amém.

Nossa Senhora da Guia

Eu,
coberto com o manto de Nossa Senhora da Guia,
andarei,
meus inimigos encontrarei,
mal não me farão,
nem eu lhes farei.
Andarei, não andarei.
Foi o anjo São Gabriel que encontrou com Nossa Senhora
e lhe salvou rezando Ave-Maria.
O braço do Onipotente caia sobre quem me queira fazer
mal,
que fique imóvel como pedra,
enquanto eu,
triste pecador,
ando em serviço de Deus Nosso Senhor.
Amém.

Nossa Senhora do Bom Conselho

26 de abril

Ó Virgem gloriosa,
escolhida por decreto eterno do Altíssimo
para ser a Mãe do Verbo encarnado,
tesoureira das graças divinas
e advogada dos pecadores!
Eu, vosso indigno servo,
recorro a vós para que vos digneis ser-me guia
e conselheira neste vale de lágrimas.

Impetrai-me, pelo preciosíssimo sangue
de vosso Divino Filho,
o perdão de meus pecados,
a salvação de minha alma
e os meios necessários para consegui-la.
Intercedei também, para que a Igreja triunfe de seus inimigos e
o reino de Jesus Cristo se propague por todas as terras.
Amém.

Nossa Senhora do Livramento

Lembrai-vos, ó puríssima Virgem Maria,
que jamais se ouviu dizer que
algum daqueles que têm recorrido à vossa proteção,
implorando o vosso auxílio
e reclamando o vosso socorro,
fosse por vós desamparado.
Animado, pois, com igual confiança,
a vós, Virgem das virgens,
como à mãe recorro,
a vós me acolho e,
gemendo sob o peso dos meus pecados,
me prostro aos vossos pés.
Não desprezeis as minhas súplicas,
ó Mãe do Filho de Deus,
mas antes as atendei
e ouvi propícia.
Amém.

Nossa Senhora da Cabeça

Salve Imaculada!
Rainha da Glória,
Virgem Santíssima da Cabeça,
em cujo admirável título fundam-se nossas esperanças,
por serdes Rainha e Senhora de todas as criaturas.

Refugio dos pecadores, rogai por nós!

Esta jaculatória,
repetida milhares de vezes
em todo o universo,
sobe ao trono de glória em que estais sentada
e volta à terra trazendo aos pobres pecadores
torrentes de luzes e de graça.

Socorrei-nos, pois, ó dulcíssima Senhora!
Não sejam nossos pecados
e maldades um obstáculo aos vossos favores!
Sede para nós um constante auxílio
em toda as nossas necessidades e dores,
mas especialmente na hora da morte,
para que possamos,
cobertos com o manto da vossa misericórdia,
merecer as alegrias da vida eterna.
Assim seja!

Nossa Senhora dos Remédios

Ó Deus, concedei-nos,
pela intercessão de Nossa Senhora dos Remédios,
o alívio em todas as enfermidades,
a força em nossas fraquezas, para que,
servindo-vos sãos de corpo e de espírito,
possamos chegar à eterna bem-aventurança.
Pelo mesmo Cristo Nosso Senhor.
Amém.

Nossa Senhora da Saúde

(novena em louvor)

Aceitai, dulcíssima Maria,
saúde dos enfermos,
as dádivas e louvores
com que a homenageamos durante esta novena,
que oferecemos, para maior glória de Deus
e honra a vós.
Dignai-vos receber-nos,
Maria querida,
em prova de nosso amor e devoção.
Em retorno dessa amostra de filial afeto,
olhai com esses vossos olhos de compaixão
e doçura vossos filhos mais queridos e enfermos,
a fim de que a influência de vosso olhar
reviva meu corpo e alma
e os encurve e abençoe
em união nossa,
em todos os instantes de sua vida.
Assim seja.

Saudamos Nossa Senhora da Saúde, com 3 Ave-Marias, dizendo:

A Ti saudamos, Virgem Santíssima da Saúde,
e pelas graças e privilégios
com que há enriquecido, como filha,

o Eterno Pai,
suplicamos para obter e conservar a saúde do corpo.
Deus te salve, Maria...

A Ti saudamos, Virgem Santíssima da Saúde,
pela bondade e misericórdia
com que hás adornado, como a Mãe de Jesus Cristo,
vosso Filho, e suplicamos, defendei a saúde da alma.
Deus te salva..
Maria, Mãe de Jesus,
coloco-me junto a Ti, em humilde oração.
Tu te mostraste tão verdadeira e tão admirável
em tuas qualidades humanas,
atenta, forte e decidida.
Vem fazer tua presença – agora –
quando sinto dificuldade em acolher o mistério
de Jesus Cristo em minha vida.
É difícil compreender tanto sofrimento humano,
tanta limitação, em mim e nos irmãos sofredores.
Ó Mãe solícita, envolve a mim
e a todos os que sofrem de doenças e dores,
físicas, emocionais e morais;
ajuda-nos com tua vida e tua coragem.
Tu me vês,
Tu me ouves
e estás sempre junto de mim,
com teu carinho de mãe.
Dá-me forças para vencer e assumir,
nos momentos de dor, cansaço e,
muitas vezes, de angústias.
Torna-me simples e paciente como tu,
pessoa de fé e que sabe escutar Deus
na vida, na Palavra de Deus
e nos acontecimentos do mundo.

Oferece comigo minhas preocupações e dores,
associando aos teus sofrimentos
e aos sofrimentos de teu Filho Jesus,
tu que soubeste aceitar as cruzes
e os sofrimentos de tua vida,
que soubeste estar firme
ao pé da cruz de Jesus, até o fim.
Alcança-me do Pai, por Jesus Cristo,
todos os dons do Espírito Santo
e a esperança da ressurreição,
que promete a vitória sobre toda dor e a morte.
Amém.

(*Rezar 1 Salve-Rainha.*)

Nossa Senhora da Purificação

Por aquela exemplar solicitude
que demonstrastes,
ó Virgem Mãe Santíssima,
em cumprir a lei da purificação de um coração que,
na verdade, era o sacrário de todas as virtudes
e da santidade, e pela heroica resolução de oferecer
vosso Filho unigênito ao Senhor,
hóstia santa e agradável,
para os pecados do mundo,
alcançai-me para que, na mais exemplar observância de lei
divina e no esforço constante de purificar o meu coração,
me torne digno de mais frequentemente me aproximar
dos fortes desejos do santo velho Simeão em receber Jesus
na Eucaristia, para depois
oferecer-me a Ele só a seu santo serviço.
Amém.

(*Rezar Pai-Nosso, Ave-Maria e Glória ao Pai.*)

Nossa Senhora da Piedade

Prostrado aos vossos pés,
ó grande Rainha dos céus,
vos venero e confesso que sois filha
do Divino Pai, Mãe do Verbo divino
e Esposa do Espírito Santo.
Sois cheia de graça,
de virtude e de dons celestes,
sois templo puríssimo da Santíssima Trindade.
Sois a tesoureira e despenseira de suas misericórdias.
Sendo vosso puríssimo coração cheio de caridade,
de doçura e de ternura para conosco,
pecadores, por isso vos chamamos Mãe da Divina Piedade.
Por isso, com grande confiança me apresento a vós,
mãe amorosíssima, aflito e angustiado,
e vos peço fazer-me experimentar a caridade com
que me amastes, concedendo-me a graça...
se for conforme à divina vontade e para
meu proveito. Volvei, vos suplico,
os vossos puríssimos olhos a mim
e a todos os meus próximos.
Recordai-vos, ternissima mãe,
que somos vossos filhos redimidos com o
preciosíssimo sangue de vosso Unigênito.
Dignai-vos rogar incessantemente
à Santíssima Trindade, a fim de que nos
conceda as graças com as quais
os justos se santificam e os pecadores

se convertem. Rogai, mãe amorosíssima,
esta graça pela infinita bondade de Deus,
pelos méritos de vosso Santíssimo Filho,
pela solicitude com que o servistes,
pelo amor com que o amastes
e pela dor que sofrestes em sua paixão.
Alcançai-nos o grande dom de que todo
o mundo forme um povo e uma Igreja,
que dê glória, honra e agradecimento à
Santíssima Trindade, a vós que sois a
medianeira, esta graça nos conceda
o poder do Pai, a sabedoria do Filho
e a virtude do Espírito Santo.
Assim seja.

Nossa Senhora da Paz

Ó Maria, doce Mãe de Jesus Cristo,
Príncipe da Paz, eis a vossos pés
vossos filhos tristes,
perturbados e cheios de confusão,
pois afastou-se de nós a paz, pelos
nossos pecados.
Intercedei por nós para que gozemos
a paz com o nosso Deus
e nosso próximo,
por vosso Filho Jesus Cristo.
Ninguém pode dá-la
senão esse vosso Filho,
que recebemos das vossas mãos.
Quando nasceu
de vossas puríssimas entranhas em Belém,
os anjos nos anunciaram a paz, e quando
ele abandonou o mundo, no-la prometeu
e deixou-a como sua herança.
Vós, ó Bendita, trazeis sobre os vossos braços
o Príncipe da Paz,
mostrai-nos esse Jesus e deitai-o
em nosso coração!
Ó Rainha da Paz, estabelecei entre nós
o vosso reino e reinai com vosso Filho
no meio de vosso povo que,
cheio de confiança, se recomenda à vossa proteção.

Afastai para longe de nós os sentimentos
de amor-próprio;
expulsai de nós o espírito de inveja,
de maledicência, de ambição e de discórdia!
Fazei-nos humildes na fortuna,
fortes no sofrimento em paciência e caridade,
firmes e constantes na Divina Providência!
Com o Menino nos braços, abençoai-nos,
dirigindo os nossos passos no caminho da paz,
da união e mútua caridade,
para que, formando aqui a vossa família,
possamos no céu bendizer-vos
e a vosso Divino Filho por toda a eternidade.
Assim seja.

Súplica a Nossa Senhora

(novena)

Ó Imaculada Virgem,
Mãe de Deus e nossa Mãe:
ao contemplar-vos de braços abertos
derramando graças sobre os que vo-las pedem,
cheios de confiança na Vossa Poderosa intercessão,
inúmeras vezes manifestada
pela Medalha Milagrosa,
embora reconhecendo a nossa indignidade,
por causa de nossas numerosas culpas,
acercamo-nos de vossos pés
para vos expor durante esta novena
as nossas mais prementes necessidades...
[Um instante de silêncio.]
Concedei, pois, ó Virgem da Medalha Milagrosa,
este favor que, confiantes,
vos solicitamos para maior glória de Deus,
engrandecimento do Vosso nome
e bem de nossas almas,
e para melhor servirmos ao vosso Divino Filho,
inspirai-nos um profundo ódio ao pecado
e dai-nos a coragem
de nos firmar sempre verdadeiros cristãos.
Amém.

(*Rezar 3 Ave-Marias.*)

Ó Maria, concebida sem pecado, rogai por nós que recorremos a Vós.

Ato de Consagração

Virgem Imaculada,
Minha Mãe Maria,
eu vos renovo, hoje e para sempre,
a consagração de todo o meu ser,
para que disponhais de mim
para o bem de todos.
Somente peço que eu possa,
minha Rainha e Mãe da Igreja,
cooperar com vossa missão
de construir o Reino
do teu Filho Jesus, no mundo.
Para isso vos ofereço minhas orações,
sacrifícios e ações.
Ó Maria, concebida sem pecado,
rogai por nós que recorremos a vós,
e por todos quantos não recorrem a vós,
especialmente pelos inimigos da Santa Igreja,
e por todos quantos são a vós recomendados.

A Nossa Senhora

(Oração de São Francisco de Assis)

Salve,
ó Senhora Santa,
Rainha Santíssima, Mãe de Deus,
ó Maria, que sois Virgem perpétua,
eleita pelo Santíssimo Pai celestial,
que vos consagrou por seu Santíssimo
e dileto Filho e o Espírito Santo Paráclito!
Em vós residiu e reside toda a plenitude
da graça e todo bem.
Salve, ó palácio do Senhor!
Salve, ó tabernáculo do Senhor!
Salve, ó morada do Senhor!
Salve, ó manto do Senhor!
Salve, ó serva do Senhor!
Salve, ó Mãe do Senhor,
e salve vós todas,
ó santas virtudes derramadas,
pela graça e iluminação do Espírito Santo,
nos corações dos fiéis,
transformando-os de infiéis
em servos fiéis de Deus!

Ave-Maria Latino-Americana

Ave, Maria,
grávida das aspirações de nossos pobres,
o Senhor é convosco,
bendita sois vós entre os oprimidos,
benditos são os frutos de libertação
do vosso ventre.
Santa Maria, Mãe latino-americana,
rogai por nós
para que confiemos no Espírito de Deus,
agora que o nosso povo assume a luta por justiça
e na hora de realizá-la em liberdade,
para um tempo de paz.
Amém!

Frei Betto

Mãe Rainha e Vencedora Três Vezes Admirável de Schoenstatt

Schoenstatt é uma pequena e distante cidade alemã. A palavra significa "belo lugar". E foi nesse belo lugar que nasceu o primeiro santuário da Mãe Três Vezes Admirável.

Seu fundador, padre José Kentenich, sofreu nos campos de concentração durante a Segunda Guerra Mundial. Ele morreu em 1968 e o Vaticano já deu início ao processo de canonização.

Nossa Senhora é Mãe porque é Mãe de Jesus, que agonizou na cruz. É Rainha porque é a Mãe do Rei do Universo. É Vencedora pelo poder que Deus lhe deu de vencer e triunfar na dor.

Ela é Três Vezes Admirável pela grandeza de sua posição junto ao Deus Trino:

1 – Como Mãe do Deus Trino
2 – Como Mãe do Redentor
3 – Como Mãe dos remidos

Mãe, Rainha e Vencedora Três Vezes Admirável
de Schoenstatt,
Rogai por nós!
Mãe, Rainha e Vencedora Três Vezes Admirável
de Schoenstatt,
Abençoai nossa família,
nossa paróquia e nossa diocese!
Mãe, Rainha e Vencedora Três Vezes Admirável
de Schoenstatt,

Abençoai nossa Pátria!
Mãe, Rainha e Vencedora Três Vezes Admirável
de Schoenstatt,
Abençoai a todo mundo!

Bibliografia

Alves, J. *Santos de cada dia*. São Paulo: Edições Paulinas. 1990.

Bentley, James. *A Calendar of Saints – The Lives of the Principal Saints of the Christian Year*. Little Brown and Co., 2000.

Betto, Frei. *Catecismo popular*. Rio de Janeiro: Editora Ática. 1990.

Bingemer, Maria Clara L. e Gebara, Ivone. *A Igreja, sacramento de libertação – Um ensaio a partir da mulher e da América Latina*. Petrópolis: Editora Vozes.

Giovannini, Luigi e Sgarbossa, Mário. *Um santo para cada dia*. São Paulo: Paulus Editora, 1999.

Lafrance, Jean. *Com Maria em oração*. São Paulo: Edições Loyola. 1994.

Mesters, Carlos. *Maria, a Mãe de Jesus*. Petrópolis: Editora Vozes. 1977.

Mopohua, Nican. *La narración más antiga de las apariciones Guadalupanas*. Obra Nacional de La Buena Prensa.

Sivita, Roberto (org.). *Os grandes santos*. São Paulo: Abril Cultural, 1971.

Pinkus, Lúcio. *O mito de Maria*. São Paulo: Edições Paulinas. 1991.

Rappel. *Los santos que nos ayudan*. Espanha: Editora Esoterika-Espanhola.

Real, Maria Eloísa del. *Santuários de La Virgem Maria – Apariciones y advocaciones*. Editorial America.

ATENDIMENTO AO LEITOR E VENDAS DIRETAS

Você pode adquirir os títulos da BestBolso através do Marketing Direto do Grupo Editorial Record.

- Telefone: (21) 2585-2002
  (de segunda a sexta-feira, das 8h30 às 18h)
- E-mail: mdireto@record.com.br
- Fax: (21) 2585-2010

Entre em contato conosco caso tenha alguma dúvida, precise de informações ou queira se cadastrar para receber nossos informativos de lançamentos e promoções.

Nossos sites:
www.edicoesbestbolso.com.br
www.record.com.br

EDIÇÕES BESTBOLSO

Alguns títulos publicados

1. *Caetés*, Graciliano Ramos
2. *Riacho doce*, José Lins do Rego
3. *Nova reunião* (3 volumes), Carlos Drummond de Andrade
4. *O Lobo da Estepe*, Hermann Hesse
5. *O jogo das contas de vidro*, Hermann Hesse
6. *O pianista*, Władisław Szpilman
7. *O império do Sol*, J. G. Ballard
8. *A lista de Schindler*, Thomas Keneally
9. *50 crônicas escolhidas*, Rubem Braga
10. *35 noites de paixão*, Dalton Trevisan
11. *Essa terra*, Antônio Torres
12. *O dia em que matei meu pai*, Mario Sabino
13. *Getúlio*, Juremir Machado da Silva
14. *Jovens polacas*, Esther Largman
15. *Os delírios de consumo de Becky Bloom*, Sophie Kinsella
16. *O diário de Bridget Jones*, Helen Fielding
17. *Sex and the city*, Candace Bushnell
18. *Melancia*, Marian Keyes
19. *O pêndulo de Foucault*, Umberto Eco
20. *Baudolino*, Umberto Eco
21. *A bicicleta azul*, Régine Deforges
22. *Lendo Lolita em Teerã*, Azar Nafisi
23. *Uma mente brilhante*, Sylvia Nasar
24. *As seis mulheres de Henrique VIII*, Antonia Fraser
25. *Toda mulher é meio Leila Diniz*, Mirian Goldenberg
26. *A outra*, Mirian Goldenberg
27. *O livreiro de Cabul*, Åsne Seierstad
28. *Paula*, Isabel Allende
29. *Por amor à Índia*, Catherine Clément
30. *A valsa inacabada*, Catherine Clément

EDIÇÕES
BestBolso

Este livro foi composto na tipologia Minion, em corpo 10,5/13, e impresso em papel off-set 56g/m² no Sistema Cameron da Divisão Gráfica da Distribuidora Record.